Excel básico 365

Beatriz Coronado García

ic editorial

Excel básico 365
© Beatriz Coronado García

1ª Edición

© IC Editorial, 2026

Editado por: IC Editorial
c/ Cueva de Viera, 2, Local 3
Centro Negocios CADI
29200 Antequera (Málaga)
Teléfono: 952 70 60 04
Fax: 952 84 55 03
Correo electrónico: iceditorial@iceditorial.com
Internet: www.iceditorial.com

ISBN: 979-13-7027-146-6
Depósito Legal: MA 202-2026

Impresión: PODiPrint
Impreso en Andalucía – España

Nota de la editorial: IC Editorial pertenece a Innovación y Cualificación S. L.

Índice

OBJETIVOS GENERALES

Los objetivos generales del título **Excel básico 365,** son los siguientes:

- ⮞ Conocer el entorno de trabajo y la interfaz de la aplicación.
- ⮞ Crear hojas de cálculo.
- ⮞ Definir el contenido de las celdas y tipos de datos.
- ⮞ Dar formato a las celdas de la hoja de cálculo.
- ⮞ Usar técnicas de desplazamiento y selección en la hoja de cálculo.
- ⮞ Ordenar y filtrar datos.
- ⮞ Trabajar con archivos: libros de trabajo, operaciones con hojas de un libro.
- ⮞ Conocer las utilidades de las direcciones absolutas y relativas.
- ⮞ Utilizar funciones sencillas.
- ⮞ Copiar fórmulas.
- ⮞ Crear gráficos de representación de datos.

Introducción al entorno de trabajo y manejo básico de hojas de cálculo

Contenido

1. Introducción
2. Identificación de los elementos principales de Excel 365
3. Reconocimiento de las partes de una hoja de cálculo
4. Creación de un nuevo libro y gestión de hojas
5. Gestión de archivos en el equipo y en la nube con *OneDrive*
6. Definición y edición de contenido en las celdas
7. Aplicación de formato a las celdas
8. Técnicas de desplazamiento y selección en la hoja de cálculo
9. Ordenación y filtrado de datos
10. Resumen

Objetivos

Los objetivos generales de esta Unidad de Aprendizaje son:

→ Conocer el entorno de trabajo y la interfaz de la aplicación.

→ Crear hojas de cálculo.

→ Definir el contenido de las celdas y los tipos de datos.

→ Dar formato a las celdas de la hoja de cálculo.

→ Usar técnicas de desplazamiento y selección en la hoja de cálculo.

→ Ordenar y filtrar datos.

Los objetivos específicos de esta Unidad de Aprendizaje son:

→ Identificar los elementos principales de Excel 365: cinta de opciones, pestañas, barra de fórmulas y paneles.

→ Reconocer las partes de una hoja de cálculo: filas, columnas, celdas y rangos.

→ Iniciar un nuevo libro de trabajo, agregar y eliminar hojas.

→ Gestionar archivos en el equipo o en la nube con OneDrive.

→ Editar datos de tipo texto, numérico y fecha.

→ Diferenciar entre valores, etiquetas y fórmulas.

→ Aplicar formato a números, textos y fechas.

→ Usar bordes, colores, alineación y estilos para mejorar la presentación de los datos.

→ Usar técnicas para desplazarse eficientemente por filas, columnas y rangos.

→ Seleccionar celdas contiguas y no contiguas.

→ Ordenar listas alfabética y numéricamente.

→ Aplicar filtros automáticos para visualizar solo los datos necesarios.

1. Introducción

En muchos entornos laborales y académicos, Excel es una herramienta básica para organizar información, hacer cálculos y representar datos de forma clara. Microsoft Excel 365 ofrece un entorno fácil de usar que permite crear y personalizar hojas de cálculo adaptadas a distintas necesidades, desde una simple lista hasta un informe con formato profesional.

En esta unidad aprenderemos a movernos por el entorno de Excel, identificando sus partes principales: la cinta de opciones, las pestañas, la barra de fórmulas y el área de trabajo. También veremos cómo introducir y editar datos, aplicar formato a las celdas, desplazarnos con soltura por filas y columnas, y ordenar o filtrar información. Todo ello ayudará a comprender la estructura básica de una hoja de cálculo y a ganar seguridad en su manejo.

A lo largo de la unidad seguiremos a Leonor, una administrativa que acaba de incorporarse a una empresa y necesita aprender a usar Excel para gestionar sus tareas diarias. Su objetivo es crear hojas sencillas para registrar gastos, listas y pequeños informes. Con cada avance irá conociendo nuevas herramientas que le permitirán trabajar con mayor agilidad y confianza. De este modo, aprenderá paso a paso a utilizar Excel 365 como una herramienta práctica y accesible para organizar la información de manera ordenada y eficiente.

2. Identificación de los elementos principales de Excel 365

HILO CONDUCTOR

Leonor abre Excel por primera vez y observa una pantalla llena de botones, pestañas y cuadros. Siguiendo las indicaciones de su compañera, aprende que la cinta de opciones contiene todos los comandos principales, que la barra de fórmulas sirve para ver o editar los datos y que el área de trabajo está formada por celdas donde se introduce la información. Poco a poco, va reconociendo el entorno y sintiéndose más cómoda al desplazarse por la aplicación.

Al abrir Excel 365, lo primero que aparece es su **interfaz de trabajo,** es decir, el conjunto de elementos visibles en pantalla que permiten interactuar con el programa.

Aunque a primera vista puede parecer complejo, cada parte tiene una función muy clara:

⮞ **Cinta de opciones.** Es la franja superior donde se encuentran todos los comandos organizados en pestañas (**Inicio, Insertar, Disposición de página, Fórmulas, Datos,** etc.). Cada pestaña contiene grupos de herramientas relacionadas; por ejemplo: **Fuente, Alineación** o **Número:**

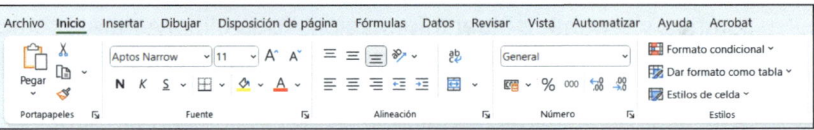

La cinta de opciones centraliza los comandos esenciales de Excel.

⮞ **Pestañas.** Sirven para acceder a distintas funciones. Al hacer clic en una pestaña, cambian los botones disponibles en la cinta de opciones:

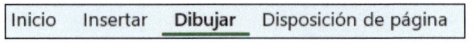

Las pestañas permiten acceder a funciones específicas del programa.

⮞ **Barra de fórmulas.** Se encuentra justo debajo de la cinta. Muestra el contenido de la celda seleccionada y permite escribir o editar datos, fórmulas o funciones:

La barra de fórmulas permite visualizar y modificar el contenido de una celda.

➲ **Paneles o barras auxiliares.** Pueden aparecer a la derecha o en la parte inferior, y muestran opciones adicionales (por ejemplo, sugerencias de gráficos o herramientas de ayuda):

El asistente de accesibilidad ayuda a mejorar la claridad visual del libro de trabajo.

➲ **Área de trabajo.** Es la parte central de la pantalla, compuesta por una cuadrícula de filas y columnas que forman las celdas. En ellas se introducen los datos que componen la hoja de cálculo:

La hoja de cálculo es el espacio principal para trabajar con datos en Excel.

NOTA

Aprender a identificar estos elementos es el primer paso para moverse con soltura y entender la lógica de Excel.

- -

APLICACIÓN PRÁCTICA

Al abrir Excel 365, se muestra una interfaz compuesta por varios elementos que permiten al usuario introducir datos, aplicar comandos y configurar las hojas de cálculo.

¿Cuál de las siguientes afirmaciones describe correctamente la función de la cinta de opciones?

- **Es el área donde se introducen los datos y se visualizan los resultados de las operaciones.**
- **Es la franja superior que contiene las pestañas y los grupos de comandos organizados según su función.**
- **Es el espacio que muestra las fórmulas activas y permite modificar el contenido de las celdas seleccionadas.**
- **Es la zona lateral donde aparecen sugerencias o herramientas complementarias, como gráficos o ayuda.**

Solución

La cinta de opciones es la franja superior de la interfaz de Excel, donde se agrupan todas las herramientas y comandos del programa, organizados por pestañas **(Inicio, Insertar, Fórmulas, Datos,** etc.) y grupos de funciones relacionados (como **Fuente, Alineación** o Número).

Este diseño facilita la navegación y el acceso rápido a las distintas acciones disponibles, permitiendo trabajar de forma estructurada, visual y eficiente. Conocer su ubicación y estructura es esencial para moverse con soltura en el entorno de Excel.

- -

3. Reconocimiento de las partes de una hoja de cálculo

☞ **HILO CONDUCTOR**

Al comenzar su primera hoja de trabajo, Leonor descubre que Excel se organiza en filas y columnas que forman las celdas, y que cada una tiene una dirección. Aprende a distinguir entre columnas con letras y filas con números, y a seleccionar celdas individuales o rangos completos. Comprender esta estructura la ayuda a orientarse y a trabajar con más seguridad dentro de la hoja.

La hoja de cálculo de Excel se organiza como una gran cuadrícula. Sus principales **componentes** son:

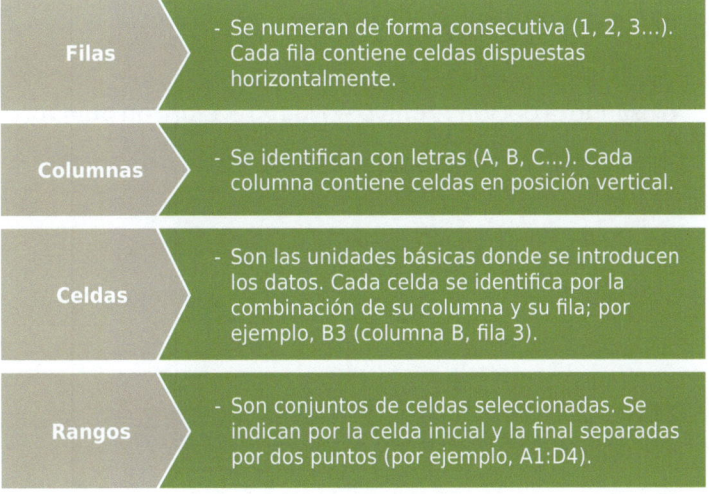

Filas
- Se numeran de forma consecutiva (1, 2, 3…). Cada fila contiene celdas dispuestas horizontalmente.

Columnas
- Se identifican con letras (A, B, C…). Cada columna contiene celdas en posición vertical.

Celdas
- Son las unidades básicas donde se introducen los datos. Cada celda se identifica por la combinación de su columna y su fila; por ejemplo, B3 (columna B, fila 3).

Rangos
- Son conjuntos de celdas seleccionadas. Se indican por la celda inicial y la final separadas por dos puntos (por ejemplo, A1:D4).

Entender esta estructura facilita introducir información correctamente y aplicar fórmulas en el lugar adecuado.

4. Creación de un nuevo libro y gestión de hojas

☞ HILO CONDUCTOR

Leonor necesita preparar varias tablas: una con gastos mensuales y otra con pedidos. Para no mezclar los datos, crea un nuevo libro de Excel y añade diferentes hojas, renombrándolas según su contenido. También aprende a eliminar y a mover hojas dentro del mismo archivo. Con esta práctica comprende que cada libro puede contener distintas hojas y que es posible mantener toda la información bien organizada.

En Excel, los datos se guardan en **libros de trabajo,** y cada libro está formado por una o varias **hojas.**

Cada hoja funciona de manera independiente, lo que permite mantener diferentes tipos de información en el mismo archivo:

⮕ **Crear un nuevo libro.** Se puede hacer desde la pantalla inicial de Excel o usando la opción **Archivo → Nuevo → Libro en blanco:**

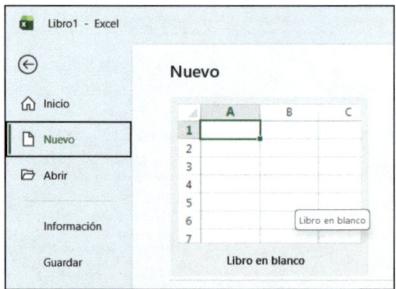

*Desde el menú **Nuevo** se crean libros de trabajo vacíos o basados en plantillas.*

⮕ **Agregar una hoja.** En la parte inferior de la ventana, junto a las pestañas de las hojas, hay un botón con el símbolo **+.** Al pulsarlo se crea una hoja nueva:

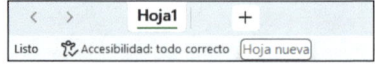

Cada libro de Excel puede contener múltiples hojas de cálculo.

[14]

◗ **Gestionar hojas.** Haciendo clic derecho sobre la pestaña de la hoja, esta se puede eliminar, mover o copiar:

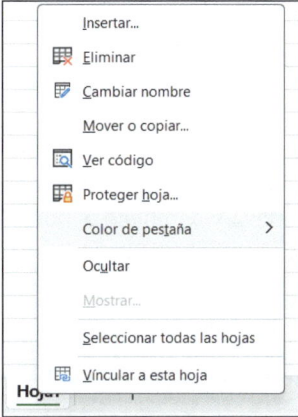

El menú contextual facilita la gestión y personalización de las hojas del libro.

◗ **Renombrar hojas.** Para renombrar hojas, se debe hacer doble clic en la pestaña y escribir el nuevo nombre (por ejemplo, "Gastos" o "Pedidos"):

Cambiar el nombre de una hoja permite organizar mejor la información del libro.

TAREA 1

Trabajas en una pequeña empresa familiar que gestiona tanto los gastos mensuales como los pedidos de clientes en Excel.

Necesitas crear un libro de trabajo que agrupe toda esta información, pero sin mezclar los datos. Para ello, debes organizar el archivo con distintas hojas, cada una con su propio contenido. Debes:

Continúa en página siguiente >>

<< Viene de página anterior

1. Crear y guardar un nuevo libro de trabajo.
   Abre Excel y crea un nuevo libro en blanco.
   Guárdalo con el nombre: "Control_Gestion_Mensual.xlsx".
2. Renombrar la hoja inicial.
   Cambia el nombre de la primera hoja a "Gastos".
3. Agregar una segunda hoja.
   Nómbrala "Pedidos".
4. Agregar una tercera hoja para resúmenes.
   Crea una hoja nueva y cámbiale el nombre a "Resumen".

---

5. Gestión de archivos en el equipo y en la nube con *OneDrive*

👉 HILO CONDUCTOR

Una mañana, Leonor quiere revisar en casa el archivo que estaba usando en la oficina. Su compañero le explica que puede guardar el libro en OneDrive para acceder a él desde cualquier dispositivo. Aprende a guardar, abrir y cerrar archivos, y entiende la diferencia entre trabajar localmente en su ordenador o en la nube. Así descubre la comodidad de tener sus documentos siempre disponibles y actualizados.

Guardar correctamente los archivos evita la pérdida de información y permite acceder a ellos cuando se necesite.

A continuación, se detalla cómo guardar, abrir o cerrar un archivo en Excel 365:

Guardar	- Desde el menú **Archivo → Guardar como,** se elige la ubicación (ordenador, USB o nube).

Continúa en página siguiente >>

<< Viene de página anterior

| Abrir | - Para recuperar un archivo existente, hay que pulsar **Archivo → Abrir** y seleccionar la carpeta o el archivo guardado. |
| Cerrar | - Cuando se termina de trabajar, basta con pulsar **Archivo → Cerrar** o salir del programa. |

En Excel 365 se recomienda guardar en *OneDrive,* ya que permite acceder al archivo desde cualquier dispositivo conectado a Internet.

SABÍAS QUE...

OneDrive es un servicio de almacenamiento en la nube de *Microsoft.*

Dicho de forma sencilla, es como un *"pendrive* virtual" al que puedes acceder desde cualquier ordenador, *tablet* o móvil con conexión a internet.

Cuando guardas un archivo en *OneDrive:*

- No se queda solo en tu ordenador, sino también en tu cuenta *online* de *Microsoft.*
- Puedes abrirlo y modificarlo desde cualquier lugar.
- Los cambios se guardan automáticamente.

Además, permite compartir documentos con otras personas y trabajar en equipo en tiempo real, sin necesidad de enviarlos por correo electrónico.

6. Definición y edición de contenido en las celdas

👉 HILO CONDUCTOR

Leonor empieza a rellenar su hoja con datos de gastos. Introduce textos, números y fechas, y aprende a modificar la información cuando comete un error. También distingue entre valores numéricos, etiquetas de texto y fórmulas. Gracias a estas prácticas, comprende cómo se comporta cada tipo de dato y cómo Excel los interpreta para realizar operaciones automáticas.

Las celdas de Excel son los espacios donde se introduce la información. En cada una se puede escribir un dato diferente, y el programa lo interpreta según su tipo.

Las celdas de Excel pueden contener distintos **tipos de información:**

Texto
- Usado para escribir nombres, descripciones o títulos. Ejemplo: "Material de oficina".

Números
- Se utilizan para cantidades, precios o porcentajes. Excel puede realizar cálculos con ellos.

Fechas y horas
- Se introducen en formato reconocible (por ejemplo, 12/10/2025 o 15:30) y Excel las interpreta como valores numéricos ordenables.

Fórmulas
- Comienzan siempre con el signo igual (=) y permiten realizar operaciones. Ejemplo: =A1+B1.

Además de estos tipos básicos, Excel permite incluir **otros elementos útiles** en las celdas:

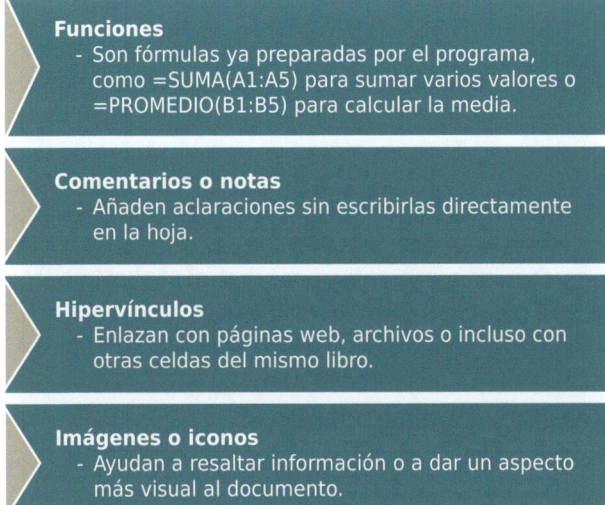

Para **editar el contenido de una celda,** basta con hacer doble clic sobre ella o escribir directamente.

También se puede modificar su contenido desde la **barra de fórmulas**, situada encima de la hoja de cálculo:

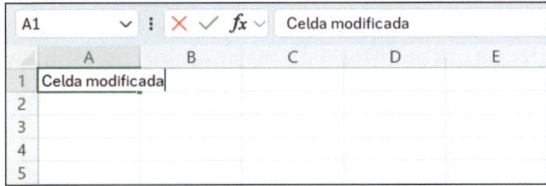

La barra de fórmulas muestra el contenido editable de la celda seleccionada.

 **CONSEJO**

Si se comete un error, se puede deshacer la última acción con la combinación de teclas [Ctrl + Z].

7. Aplicación de formato a las celdas

☞ **HILO CONDUCTOR**

Al revisar su tabla, Leonor nota que los datos se ven desordenados. Decide aplicar formato: ajusta la alineación, cambia el color de los encabezados, añade bordes y da formato a los números para mostrar el símbolo del euro. Estos pequeños cambios hacen que su hoja luzca más clara y profesional, y entonces se da cuenta de la importancia del formato visual para entender mejor la información.

Cuando se introducen muchos datos en una hoja de cálculo, puede resultar difícil leerlos o distinguir su significado. Por eso, **dar formato a las celdas** es una parte fundamental del trabajo con Excel.

El formato no cambia el contenido, pero sí **mejora la presentación y la comprensión de los datos,** haciendo que la información sea más fácil de interpretar y visualmente más atractiva.

A continuación, se presentan los principales grupos de herramientas de formato que puede aplicar cualquier persona que comience a trabajar con Excel:

⊃ **Fuentes.** Aquí se puede cambiar el tipo de letra, tamaño, color, aplicar negrita, cursiva o subrayado, así como añadir bordes o color de fondo a las celdas:

*El grupo **Fuente** permite personalizar la apariencia del contenido de las celdas.*

○ **Configuración de alineación.** Permite centrar el texto, justificarlo, girarlo o ajustar el contenido dentro de la celda. También ofrece opciones para combinar celdas y alinear verticalmente:

La alineación define cómo se distribuye el texto en el interior de cada celda.

○ **Formato de número.** Define cómo se mostrarán los valores numéricos o las fechas. Se puede elegir entre formatos de moneda, porcentaje, contabilidad, fecha, hora o número con decimales:

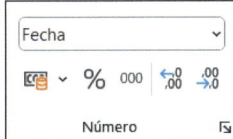

El formato de número determina cómo se muestran los datos en una celda.

○ **Estilos.** Agrupa herramientas que permiten aplicar formatos predefinidos, como **Formato condicional, Dar formato como tabla** o **Estilos de celda,** para conseguir un diseño más uniforme y atractivo:

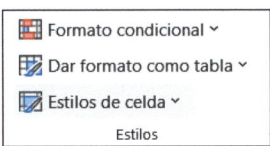

Los estilos de celda permiten dar coherencia visual a la hoja de cálculo.

Aplicar formatos **transmite organización y profesionalidad,** algo especialmente importante en informes, presupuestos o listados que se compartirán con otras personas.

 **EJEMPLO**

Por ejemplo, se pueden usar letras en negrita para los encabezados, aplicar color a las celdas con totales o destacar las fechas con un tono diferente. Esto facilita la lectura y la comprensión de los datos:

	A	B	C	D	E
1	**Concepto**	**Fecha**	**Cantidad (€)**	**Categoría**	
2	Material de oficina	02/10/2025	45,8	Suministros	
3	Transporte	05/10/2025	18	Desplazamientos	
4	Limpieza	09/10/2025	32,5	Servicios externos	
5	Electricidad	15/10/2025	64,2	Gastos fijos	
6	Agua	20/10/2025	25,4	Gastos fijos	
7	**Total general**		**205,9**		
8					
9					

El formato de tabla facilita la lectura y el análisis de los datos registrados.

8. Técnicas de desplazamiento y selección en la hoja de cálculo

👉 **HILO CONDUCTOR**

Leonor empieza a trabajar con hojas más extensas y necesita moverse con agilidad entre cientos de filas y columnas. Aprende a usar las teclas de desplazamiento, la barra de desplazamiento y los atajos del teclado para moverse más rápidamente. También practica la selección de celdas contiguas y no contiguas. Así mejora su velocidad de trabajo y reduce el tiempo que dedica a tareas repetitivas.

Cuando una hoja de cálculo contiene muchos datos, resulta fundamental saber moverse por ella y seleccionar la información correctamente. Excel ofrece varias formas de desplazarse y de marcar las celdas con las que se quiere trabajar.

Las principales **formas de desplazamiento** son:

⊃ Con el ratón:

- Se pueden usar las barras de desplazamiento vertical y horizontal situadas en el borde derecho e inferior de la ventana.
- También es posible hacer clic directamente en la celda a la que se desea ir.
- Si la hoja es muy larga, mantener pulsado el botón central del ratón y moverlo facilita el desplazamiento rápido.

⊃ Con el teclado:

- Las teclas de flecha (↑ ↓ ← →) permiten moverse de una celda a otra.
- Combinaciones útiles:

  - **[Ctrl + Flecha]:** salta directamente al final de un rango de datos.
  - **Inicio (Home):** lleva al comienzo de la fila actual.
  - **[Ctrl + Inicio]:** va a la primera celda del libro (A1).
  - **[Ctrl + Fin]:** lleva a la última celda con contenido.

⊃ Usando el cuadro de nombres:
En la esquina superior izquierda, justo encima de la columna A, hay un pequeño cuadro que muestra la referencia de la celda activa. Si se escribe una referencia (por ejemplo, E25) y se pulsa **Enter,** Excel se moverá directamente a esa celda.

Por otra parte, **seleccionar correctamente las celdas** es una habilidad básica en Excel, ya que permite aplicar formatos, copiar, mover o eliminar información con precisión:

Selección contigua
- Hacer clic en una celda, mantener pulsado el botón izquierdo y arrastrar el ratón hasta cubrir todas las celdas deseadas.
- También se puede usar [Shift + Flechas] para ampliar la selección con el teclado.

Selección no contigua
- Mantener pulsada la tecla [Ctrl] mientras se seleccionan celdas separadas. Es útil cuando se quiere aplicar un formato o copiar datos de zonas distintas.

Continúa en página siguiente >>

<< Viene de página anterior

Seleccionar toda una fila o columna
- Hacer clic en el número de la fila o en la letra de la columna. Si se arrastra por varios encabezados, se seleccionan varias filas o columnas a la vez.

Seleccionar toda la hoja
- Pulsar el pequeño botón con un triángulo (en la esquina superior izquierda, entre la A y el 1). Esto resalta todas las celdas del documento.

 ACTIVIDAD COMPLEMENTARIA

1. Analiza las distintas técnicas que existen para moverte con rapidez por una hoja de cálculo y selecciona correctamente los datos con los que trabajarás. Reflexiona sobre qué métodos te resultan más cómodos y en qué situaciones conviene usar cada uno.

   ¿Qué ventajas ofrece utilizar los atajos de teclado (como [Ctrl + Flecha] o [Ctrl + Inicio]) frente al desplazamiento con el ratón en hojas de cálculo muy extensas?

   ¿En qué casos puede resultar más eficiente usar la selección no contigua en lugar de la selección tradicional con arrastre o con la tecla [Shift]?

9. Ordenación y filtrado de datos

 HILO CONDUCTOR

En su último ejercicio, Leonor debe organizar una lista de productos y precios. Descubre cómo ordenar los datos alfabéticamente y cómo aplicar filtros para mostrar solo la información que necesita. Al ver los resultados, comprende lo útil que es Excel para analizar y comparar datos sin tener que revisar fila por fila. Con esta experiencia, termina la unidad dominando las funciones básicas que le permitirán trabajar de forma más eficiente.

Cuando una hoja de cálculo contiene muchos registros —por ejemplo, una lista de clientes, artículos o gastos—, es fundamental poder **ordenar y filtrar los datos** para analizarlos de manera rápida y eficaz. Estas funciones permiten visualizar solo la información relevante sin alterar ni eliminar el resto del contenido.

Las funciones **Ordenar** y **Filtrar** son esenciales para analizar información rápidamente:

⮊ **Ordenar.** Permite organizar los datos alfabéticamente (de A a Z) o numéricamente (de menor a mayor, o viceversa).
Se usa desde la pestaña **Datos → Ordenar y filtrar:**

*La función **Ordenar** permite organizar la información de manera ascendente o descendente.*

⮊ **Filtrar.** Sirve para mostrar solo los registros que cumplen una condición (por ejemplo, "mostrar solo los productos con precio superior a 50 €").
Para aplicarlo, se debe seleccionar el rango de datos y hacer clic en **Filtro:**

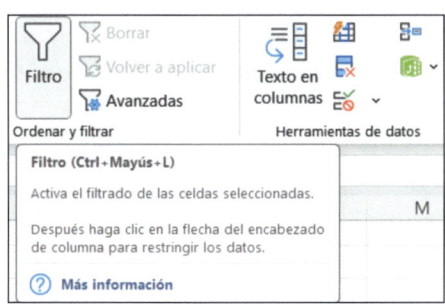

El filtro ayuda a visualizar solo los datos que cumplen ciertos criterios.

Aparecerán flechas en los encabezados, que permiten seleccionar los valores que se quieren ver:

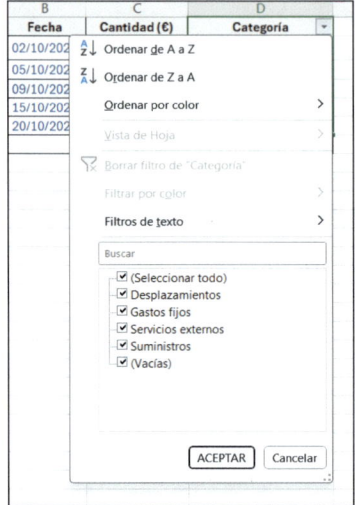

Los filtros personalizados facilitan el análisis selectivo de la información.

EJEMPLO

La floristería Flor y Vida quiere analizar su inventario semanal. Dispone de la siguiente tabla con algunos productos:

Producto	Categoría	Precio (€)	*Stock* (uds)
Rosa roja	Flor natural	2,50	12
Margarita blanca	Flor natural	1,20	6
Maceta de cactus	Planta decorativa	8,00	4
Jarrón de cristal	Accesorio	6,50	10
Orquídea rosa	Planta decorativa	12,00	3

Continúa en página siguiente >>

<< Viene de página anterior

Uno de los objetivos es ver qué productos son los más económicos. Para ello, tendrán que ordenar los productos por precio (de menor a mayor):

1. Seleccionar toda la tabla (incluyendo los encabezados).
2. Ir a la pestaña **Datos → Ordenar.**
3. Elegir la columna "Precio (€)" y seleccionar **Ordenar de menor a mayor.**

Además, la floristería quiere localizar los productos más fácilmente, por lo que va a ordenarlos alfabéticamente:

1. Selecciona la tabla.
2. En **Datos → Ordenar,** selecciona la columna **Producto → A a Z.**

Para detectar los artículos que necesitan reposición van a activar el siguiente filtro:

- En la columna "*Stock* (uds)", abrir el filtro y seleccionar **Filtros de número → Menor que 5.**

Por último, quieren poder ver solo los artículos de una familia concreta. Para ello, mantendrán activado el filtro, y, en la columna "Categoría", abrirán el menú y marcarán solo "Flor natural".

NOTA

Estas herramientas ayudan a centrarse en la información importante sin borrar el resto de los datos.

TAREA 2

Imagina que trabajas en una tienda de material de oficina. Tienes un listado de productos con las siguientes columnas:

Continúa en página siguiente >>

<< Viene de página anterior

	A	B	C	D
1	Nombre del producto	Categoría	Precio (€)	Stock disponible
2	Bolígrafo azul	Papelería	0,9	8
3	Cuaderno A4	Papelería	2,5	5
4	Grapadora metálica	Oficina	6	12
5	Carpeta de anillas	Papelería	3,2	4
6	Calculadora básica	Electrónica	9,9	7
7	Lápiz HB	Papelería	0,6	25
8	Archivador grande	Oficina	4,8	9
9	Rotulador permanente	Papelería	1,2	3
10	Agenda anual	Papelería	7,5	15
11	Tijeras de oficina	Oficina	2,8	6
12				

Las herramientas de ordenar y filtrar permiten reorganizar y mostrar solo los datos que interesan en la tabla.

- Nombre del producto
- Categoría
- Precio (€)
- *Stock* disponible

Tu tarea consiste en analizar los datos para preparar un informe de reposición y precios. Para ello, tendrás que:

- Ordenar los productos por precio (de menor a mayor).
- Ordenarlos alfabéticamente por nombre.
- Filtrar productos con bajo *stock*.
- Filtrar por categoría específica.

---

10. Resumen

Microsoft Excel 365 es una herramienta de hoja de cálculo que permite organizar, calcular y analizar datos de forma estructurada. Su entorno de trabajo se compone de distintos elementos:

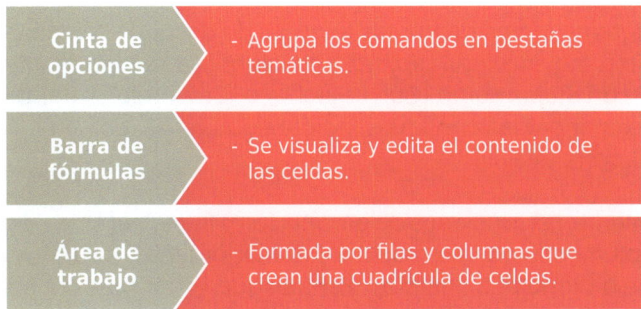

Cinta de opciones	- Agrupa los comandos en pestañas temáticas.
Barra de fórmulas	- Se visualiza y edita el contenido de las celdas.
Área de trabajo	- Formada por filas y columnas que crean una cuadrícula de celdas.

Los datos en Excel se guardan dentro de libros de trabajo, que pueden contener una o varias hojas. Estas hojas son independientes entre sí y pueden crearse, eliminarse, moverse o renombrarse según las necesidades. Los archivos pueden almacenarse en el equipo o en la nube mediante *OneDrive,* lo que permite acceder a ellos desde cualquier dispositivo y mantenerlos actualizados de forma automática.

Cada celda puede contener distintos tipos de información:

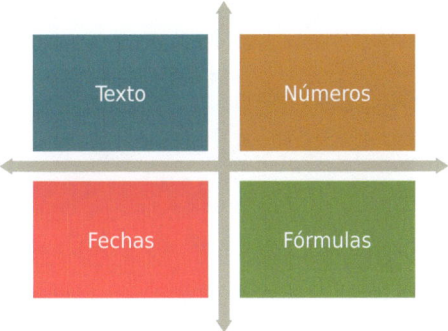

También puede contener otros elementos, como funciones, comentarios, hipervínculos o imágenes. Excel interpreta cada tipo de dato según su formato, lo que facilita realizar operaciones automáticas y cálculos precisos.

El formato de las celdas permite mejorar la presentación visual sin modificar el contenido. Se pueden aplicar bordes, colores, estilos de letra, alineaciones y formatos numéricos o de fecha para hacer más legible la información. Los estilos rápidos combinan varios formatos a la vez, logrando una apariencia uniforme y profesional en toda la hoja.

El programa ofrece diferentes técnicas de desplazamiento y selección que permiten moverse con rapidez y precisión, ya sea con el ratón o con el teclado con atajos como [Ctrl + Flecha] o [Ctrl + Inicio]. También se pueden seleccionar celdas contiguas, no contiguas, filas, columnas o incluso toda la hoja completa.

Finalmente, las funciones de ordenación y filtrado ayudan a gestionar grandes volúmenes de información. Ordenar organiza los datos alfabética, numérica o cronológicamente, mientras que Filtrar muestra solo aquellos registros que cumplen condiciones específicas. Estas herramientas permiten centrarse en la información relevante sin eliminar los demás datos de la hoja.

Ejercicios de autoevaluación
Unidad de Aprendizaje 1

1. ¿Qué elemento de la interfaz de Excel 365 muestra el contenido de la celda activa y permite editarlo?

    a. Cinta de opciones
    b. Panel lateral
    c. Barra de fórmulas
    d. Área de trabajo

2. ¿Qué combinación de elementos forma la estructura principal de una hoja de cálculo?

    a. Páginas y párrafos
    b. Filas, columnas y celdas
    c. Capas y objetos
    d. Menús y paneles

3. Indica si las siguientes oraciones son verdaderas o falsas:

    a. "La cinta de opciones agrupa las herramientas principales del programa organizadas por pestañas".

        ■ Verdadero
        ■ Falso

    b. "El área de trabajo está formada por filas y columnas que crean las celdas".

        ■ Verdadero
        ■ Falso

    c. "La barra de fórmulas solo sirve para cambiar el color de las celdas".

        ■ Verdadero
        ■ Falso

4. ¿Qué diferencia principal existe entre un libro y una hoja en Excel?

    a. No hay diferencia, ambos son lo mismo.
    b. El libro solo se usa para imprimir.
    c. El libro puede contener varias hojas con datos distintos.
    d. La hoja sirve únicamente para fórmulas automáticas.

5. ¿Qué ventaja ofrece guardar un archivo de Excel en *OneDrive?*

    a. Solo se puede acceder a él desde el mismo ordenador.
    b. Permite abrirlo y editarlo desde cualquier dispositivo conectado a internet.
    c. Impide compartirlo con otras personas.
    d. Hace que los cambios no se guarden automáticamente.

6. ¿Qué tipo de contenido puede introducirse en una celda de Excel?

    a. Solo texto y números
    b. Texto, números, fechas y fórmulas
    c. Únicamente valores numéricos
    d. Imágenes y sonidos únicamente

7. Indica si las siguientes oraciones son verdaderas o falsas:

    a. "Los archivos de Excel pueden guardarse en el equipo o en la nube mediante *OneDrive*".

        ■ Verdadero
        ■ Falso

    b. "Cada libro de Excel solo puede contener una hoja de cálculo".

        ■ Verdadero
        ■ Falso

    c. "Guardar en la nube permite acceder y editar los archivos desde distintos dispositivos".

        ■ Verdadero
        ■ Falso

8. ¿Qué grupo de herramientas permite cambiar el tipo de letra, color y tamaño del texto?

    a. Datos
    b. Insertar
    c. Fuente
    d. Revisión

9. ¿Qué opción de Excel permite organizar los datos alfabética o numéricamente?

    a. Combinar celdas
    b. Formato condicional
    c. Ordenar y filtrar
    d. Panel de fórmulas

10. Indica si las siguientes oraciones son verdaderas o falsas:

    a. "Aplicar formato a las celdas mejora la presentación visual sin alterar el contenido".

        ■ Verdadero
        ■ Falso

    b. "Los atajos de teclado como [Ctrl + Inicio] permiten desplazarse rápidamente por la hoja".

        ■ Verdadero
        ■ Falso

    c. "La función de filtrado sirve para eliminar datos que no interesan".

        ■ Verdadero
        ■ Falso

Operaciones con libros, fórmulas y gráficos en Excel 365

Contenido

Objetivos

Los objetivos generales de esta Unidad de Aprendizaje son:

→ Trabajar con archivos: libros de trabajo, operaciones con hojas de un libro.

→ Conocer las utilidades de las direcciones absolutas y relativas.

→ Utilizar funciones sencillas.

→ Copiar fórmulas.

→ Crear gráficos de representación de datos.

Los objetivos específicos de esta Unidad de Aprendizaje son:

→ Gestionar hojas dentro de un libro de trabajo.

→ Vincular datos entre distintas hojas del mismo archivo.

→ Diferenciar entre referencias relativas, absolutas y mixtas.

→ Aplicar cada tipo de referencia en fórmulas simples.

→ Emplear las funciones básicas de Excel: SUMA, PROMEDIO, MIN, MAX y CONTAR.

→ Insertar funciones desde la barra de fórmulas o mediante el asistente.

→ Usar fórmulas manteniendo las referencias adecuadas.

→ Detectar errores comunes en fórmulas.

→ Insertar gráficos de columnas, líneas, barras o sectores.

→ Personalizar títulos, leyendas, colores y etiquetas de datos.

1. Introducción

A medida que se adquiere soltura en el manejo del entorno de Excel, resulta necesario avanzar hacia un uso más completo de la aplicación. En esta unidad se aprenderá a trabajar con libros de trabajo que contienen varias hojas, a construir y aplicar fórmulas con diferentes tipos de referencias, y a emplear funciones básicas que automatizan los cálculos más habituales.

También se abordará el proceso de copiar, revisar y corregir fórmulas, detectando posibles errores antes de que afecten a los resultados. Finalmente, se estudiará cómo crear y personalizar gráficos para representar los datos de manera visual, clara y comprensible, facilitando la interpretación de la información.

A lo largo de la unidad seguiremos a Leonor, quien, tras dominar las tareas básicas de Excel, empieza a trabajar con informes más complejos en su empresa. Su reto será vincular hojas, calcular promedios, corregir errores y preparar gráficos que resuman los datos de un modo visual y convincente.

2. Gestión de libros y hojas de trabajo

 HILO CONDUCTOR

Leonor recibe un archivo de su departamento con distintas hojas, llamadas "Hoja1", "Enero copia" y "Total". Decide poner orden: renombra, elimina y duplica hojas según su contenido, y aprende a vincular datos entre ellas para crear un resumen general. Comprueba que, al estructurar bien el libro, todo el trabajo se vuelve más claro y fácil de actualizar.

En Excel, el espacio donde se trabaja se llama **libro de trabajo.** Cada libro puede contener **una o varias hojas,** igual que un cuaderno tiene varias páginas.

Cada hoja sirve para organizar un tipo de información: por ejemplo, una hoja con los datos de ventas, otra con los gastos y otra con el resumen mensual. Aprender a gestionar correctamente esas hojas es el primer paso para mantener los archivos ordenados y que sean fáciles de usar.

2.1. Crear y añadir hojas nuevas

Cuando abrimos un archivo nuevo, Excel crea una hoja inicial llamada normalmente "Hoja1".

Si necesitamos más, podemos **añadir hojas nuevas** de varias formas:

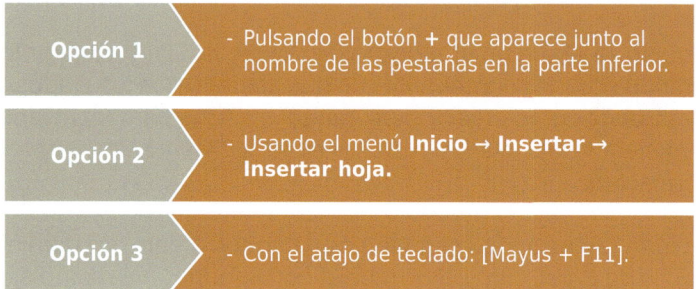

Opción 1	- Pulsando el botón **+** que aparece junto al nombre de las pestañas en la parte inferior.
Opción 2	- Usando el menú **Inicio → Insertar → Insertar hoja.**
Opción 3	- Con el atajo de teclado: [Mayus + F11].

Cada nueva hoja es una página en blanco dentro del mismo archivo. Se puede utilizar para datos diferentes, para practicar o para cálculos separados sin perder la información anterior.

 **EJEMPLO**

En un libro llamado "Presupuesto 2026", se pueden crear tres hojas:

- "Ingresos"
- "Gastos"
- "Resumen"

Así, los datos quedan separados y son más fáciles de encontrar.

2.2. Eliminar, duplicar y renombrar hojas

A veces no necesitamos una hoja o queremos borrar un borrador.

Para eliminar una hoja, basta con:

➲ Hacer clic derecho sobre la pestaña de la hoja y elegir **Eliminar.**

 **IMPORTANTE**

Una vez borrada, no se puede recuperar si no se ha guardado el archivo antes. Por eso conviene asegurarse de que no contiene datos útiles.

Cuando tenemos una hoja bien estructurada (por ejemplo, una planti-lla mensual) y queremos usarla como base para otra, lo más práctico es **duplicarla.**

Esto crea una copia exacta, con el mismo formato, fórmulas y estilos, que luego podemos modificar sin alterar la original.

Para **duplicar** una hoja existen dos opciones:

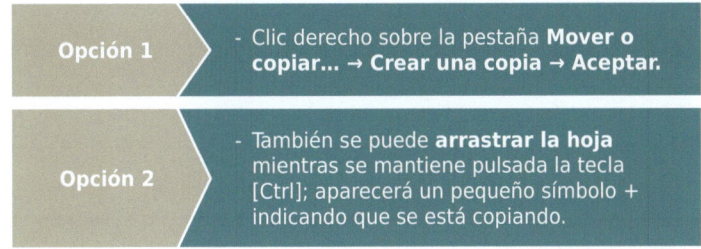

Opción 1 - Clic derecho sobre la pestaña **Mover o copiar...** → **Crear una copia** → **Aceptar.**

Opción 2 - También se puede **arrastrar la hoja** mientras se mantiene pulsada la tecla [Ctrl]; aparecerá un pequeño símbolo + indicando que se está copiando.

 **EJEMPLO**

Si tenemos una hoja llamada "Enero", podemos duplicarla y renombrar la nueva como "Febrero", conservando todas las fórmulas.

Dar nombres claros a las hojas facilita mucho el trabajo.

2.3. Organizar hojas y vincular datos

Para **renombrar una hoja,** basta con hacer doble clic en la pestaña y escribir el nuevo nombre (por ejemplo, "Ventas 2026").

También es posible **cambiar el color** de la pestaña (**clic derecho → Color de pestaña**) para distinguir las secciones del archivo:

Excel permite personalizar el color para identificar fácilmente cada hoja del libro.

 **EJEMPLO**

Hojas de ventas en azul, hojas de gastos en verde y resúmenes en gris:

El color de las pestañas facilita la organización visual de la información en un archivo de Excel.

Esto ayuda a identificar cada parte de un vistazo.

Además, las hojas pueden cambiar de orden fácilmente; para ello, solo hay que **arrastrarlas** desde la pestaña inferior hasta la posición deseada. Esto es útil para mantener una secuencia lógica (por ejemplo, meses del año o fases de un proyecto).

Una de las funciones más prácticas de Excel es la posibilidad de **vincular hojas,** es decir, hacer que una celda en una hoja muestre o use datos que están en otra.

Esto evita tener que copiar información manualmente y asegura que los cambios se actualicen automáticamente.

Existen varias maneras de vincular datos en Excel:

⮑ **Opción 1. Escribir la fórmula directamente:**

   ⭘ **Paso 1.** Sitúate en la hoja donde quieres que aparezca el dato (por ejemplo, "Resumen") y selecciona la celda donde se mostrará la información.
   ⭘ **Paso 2.** Escribe directamente la fórmula que indica de dónde tomar el dato:

   =Ventas!D6

   Esto significa que la celda mostrará el contenido de la celda D6, que se encuentra en la hoja "Ventas".
   ⭘ **Paso 3.** Pulsa **Enter.**
   Excel mostrará el mismo valor que hay en la hoja "Ventas", pero ahora visible también en "Resumen".
   Si el nombre de la hoja tiene espacios, acentos o caracteres especiales, debes escribirlo entre comillas simples.
   Por ejemplo:

   ='Hoja de Ventas'!D6

⮑ **Opción 2. Usar la barra de fórmulas y atajos de teclado:**
   A veces, cuando escribes el signo igual (=) y haces clic en otra hoja, Excel sale del modo de edición. Para evitarlo, se puede cambiar de hoja con el teclado.

   ⭘ **Paso 1.** En la hoja "Resumen", selecciona la celda donde quieres colocar el dato (por ejemplo, B2).
   ⭘ **Paso 2.** Escribe el signo igual =.
   ⭘ **Paso 3.** Sin usar el ratón, presiona [Ctrl + Av Pág] o [Ctrl + Re Pág] para cambiar de hoja.

↻ **Paso 4.** En la hoja "Ventas", selecciona la celda con el dato que quieres vincular (por ejemplo, D6).

↻ **Paso 5.** Pulsa **Enter.**
Excel completará la fórmula automáticamente, mostrando algo como:

=Ventas!D6

➲ **Opción 3. Copiar y pegar con vínculo:**
Si no quieres escribir fórmulas, Excel puede crear el vínculo automáticamente usando el pegado especial.

↻ **Paso 1.** En la hoja "Ventas", selecciona la celda que contiene el dato que quieres vincular (por ejemplo, D6).

↻ **Paso 2.** Pulsa [Ctrl + C] para copiar la celda.

↻ **Paso 3.** Ve a la hoja "Resumen" y selecciona la celda donde quieres que aparezca el mismo valor (por ejemplo, B2).

↻ **Paso 4.** Abre el menú **Inicio → Pegar → Pegado especial → Pegado con vínculo.**
Excel insertará una fórmula automática con el formato:

=Ventas!D6

Resultado:
La celda quedará vinculada con la original. Si el valor de Ventas!D6 cambia, el dato se actualizará automáticamente en Resumen!B2.

 **CONSEJO**

Antes de comenzar un proyecto, dedica unos minutos a planificar la estructura del libro. Decide cuántas hojas necesitas, cómo las vas a nombrar y si te conviene usar vínculos entre ellas.

- -

2.4. Buenas prácticas de organización

Una buena organización desde el principio facilita el trabajo, evita errores y mejora la comprensión de los datos.

A continuación, se recogen algunas recomendaciones útiles para mantener los archivos ordenados y funcionales:

1. **Usa nombres claros y coherentes**

   ʊ Evita los nombres genéricos, como "Hoja1" o "Datos nuevos".
   ʊ Nombra las hojas según su contenido: "Ventas enero", "Gastos Q1" o "Resumen anual".
   ʊ Así podrás identificar rápidamente la información sin abrir cada hoja.

2. **Crea una hoja de resumen o portada**

   ʊ Incluye una primera hoja llamada "Índice" o "Resumen", que contenga:

   ⇕ Un listado de las hojas del libro
   ⇕ Enlaces directos a cada una
   ⇕ Si es posible, un resumen de los principales resultados

   ʊ Esto actúa como una guía del archivo y facilita la navegación.

3. **Agrupa la información por tema o periodo**

   ʊ Si trabajas con datos mensuales, dedica una hoja a cada mes.
   ʊ Si gestionas distintas áreas, usa una hoja por departamento o tipo de dato.
   ʊ De esta forma, los cálculos y gráficos serán más fáciles de revisar y actualizar.

4. **Mantén siempre una hoja "modelo"**

   ʊ Crea una hoja base con el formato, las fórmulas y el diseño que usarás en el resto.
   ʊ Cuando necesites una nueva, duplica esa plantilla.
   ʊ Así todas las hojas mantendrán la misma estructura y evitarás errores de formato.

5. **Usa colores de pestañas para identificar secciones**

   ʊ Asigna colores a las hojas según su función:

   ⇕ Azul: ventas o ingresos
   ⇕ Verde: gastos
   ⇕ Gris: resúmenes o balances

◑ Este simple detalle mejora la orientación visual y reduce el tiempo de búsqueda.

6. **Evita duplicar datos innecesariamente**

◑ Si una cifra se repite en varias hojas, mejor vincula las celdas en lugar de copiar el valor.
◑ Así, cuando cambies el dato original, se actualizará automáticamente en todo el libro.

7. **Guarda versiones de seguridad**

◑ Antes de hacer grandes cambios, guarda una copia del archivo.
◑ Usa nombres de versión como "Presupuesto_2025_v1", "v2", etc.
◑ Esto te permitirá recuperar el trabajo anterior si ocurre algún error.

8. **Comprueba la coherencia antes de cerrar**

◑ Dedica los últimos minutos de trabajo a revisar:

⇕ que las fórmulas estén actualizadas,
⇕ que los nombres de las hojas sean correctos,
⇕ y que no haya hojas vacías o duplicadas innecesariamente.

9. **Usa la vista de libro completo**

◑ Desde el menú **Vista → Cambiar ventanas** o **Ver lado a lado,** puedes comparar varias hojas del mismo archivo simultáneamente.
◑ Esto resulta muy útil cuando trabajas con vínculos o revisas datos cruzados.

10. **Guarda siempre con un nombre descriptivo**

◑ Evita "libro1.xlsx". Usa nombres que expliquen el contenido y la fecha, como "Informe_ventas_abril2025.xlsx".
◑ Un nombre claro te ayudará a encontrar el archivo más adelante y a mantener el orden general.

APLICACIÓN PRÁCTICA

Leonor está organizando un archivo de Excel llamado "Presupuesto 2025". Ya tiene tres hojas: "Enero", "Febrero" y "Resumen". Quiere crear una nueva hoja llamada "Marzo" con el mismo formato y fórmulas que "Febrero" y, además, desea que en "Resumen" se actualicen automáticamente los datos cuando cambien los valores de las hojas mensuales. ¿Cuál de las siguientes acciones representa una forma correcta de realizar esta tarea?

- Copiar manualmente todos los datos de la hoja "Febrero" y pegarlos en una nueva hoja llamada "Marzo", escribiendo de nuevo las fórmulas.
- Duplicar la hoja "Febrero" mediante clic derecho → Mover o copiar... → Crear una copia, renombrarla como "Marzo" y usar fórmulas del tipo =Febrero!D6 en "Resumen" para vincular los datos.
- Borrar la hoja "Febrero" y crear una nueva desde cero para evitar errores de referencia.
- Pegar los valores de "Febrero" en "Marzo" sin fórmulas y actualizar manualmente el "Resumen" cada vez que cambien los datos.

Solución

La mejor forma de mantener la coherencia y automatizar el trabajo en Excel es duplicar las hojas existentes cuando comparten la misma estructura.

Al usar **clic derecho → Mover o copiar → Crear una copia,** se genera una hoja idéntica con el formato y las fórmulas originales, que solo requiere cambiar los datos.

Después, para que los resultados se actualicen de forma automática, se deben vincular las celdas entre hojas usando fórmulas como:

=Febrero!D6 o ='Hoja de Ventas'!D6, si el nombre tiene espacios.

De este modo, cuando el valor de "Febrero" cambie, el "Resumen" reflejará el nuevo dato sin necesidad de escribirlo de nuevo.

Este método mejora la eficiencia, evita errores y garantiza un control más ordenado y profesional del libro de trabajo.

3. Uso de direcciones absolutas y relativas

 **HILO CONDUCTOR**

Mientras prepara una tabla de precios, Leonor necesita aplicar un IVA fijo a todas las celdas. Copia la fórmula, pero los resultados cambian al desplazarse de celda. Descubre entonces la diferencia entre referencias relativas, absolutas y mixtas, y aprende a usar el símbolo $ para fijar valores en sus fórmulas. Al entender este mecanismo, comprende por qué las referencias correctas garantizan cálculos exactos sin tener que rehacer el trabajo.

Cuando trabajamos con fórmulas en Excel, no siempre basta con escribir una operación; también hay que decidir **cómo se comportan las referencias** al copiar esa fórmula a otras celdas.

Por eso, Excel utiliza distintos tipos de **referencias** —relativas, absolutas y mixtas— que determinan si la posición de una celda debe mantenerse fija o cambiar según donde se copie la fórmula.

NOTA

Comprender esta diferencia es esencial para evitar errores y conseguir resultados correctos al automatizar cálculos.

3.1. Referencias relativas: comportamiento automático

Una **referencia de celda** indica la posición de un dato dentro de la hoja.

Las **referencias relativas** son las que **cambian automáticamente** cuando copiamos la fórmula a otra celda.

Excel ajusta las coordenadas (la letra de la columna o el número de fila) según la nueva posición.

Por ejemplo, en C1 escribimos:

$$=A1 + B1$$

y la copiamos a C2.

La fórmula se convierte automáticamente en:

$$=A2 + B2$$

 **NOTA**

La referencia relativa es la más usada en operaciones repetitivas (como sumar listas de valores o aplicar el mismo cálculo a varias filas).

Este comportamiento automático es útil en la mayoría de los casos, pero hay situaciones en las que necesitamos que una parte de la fórmula **permanezca fija,** aunque la copiemos. Ahí entran las referencias **absolutas y mixtas.**

3.2. Referencias absolutas y mixtas

En algunos casos, necesitamos que una celda **no cambie nunca,** sin importar dónde copiemos la fórmula. Esto lo conocemos como **referencias absolutas.**

Para ello, se usa el signo **$,** que "bloquea" la columna y/o la fila.

Por ejemplo:

Si en D1 queremos multiplicar un precio por un IVA fijo que está en la celda B5:

$$=A1 * \$B\$5$$

⮌ El símbolo **$** delante de la letra bloquea la columna B.
⮌ El símbolo **$** delante del número bloquea la fila 5.

Si copiamos la fórmula hacia abajo o hacia otro lado, Excel seguirá usando **siempre la celda B5.**

A veces solo queremos **fijar una parte** de la referencia; aquí entran en juego **las referencias mixtas:**

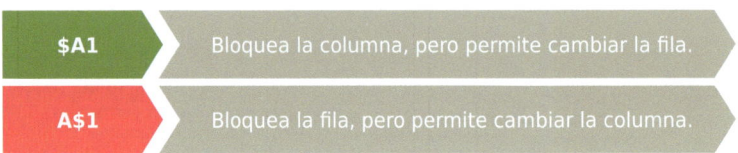

$A1	Bloquea la columna, pero permite cambiar la fila.
A$1	Bloquea la fila, pero permite cambiar la columna.

Supongamos que tenemos una tabla con **cantidades** en filas y **precios** en columnas, y queremos multiplicarlas para obtener el total.

Si en la primera celda escribimos:

$$=A\$1 * \$B2$$

⮌ $A$1 fija el encabezado superior (precio).
⮌ $B2 fija la primera columna (cantidad).

Cuando copiamos la fórmula hacia el resto de la tabla, Excel ajusta las partes que pueden moverse y mantiene las fijas.

Así se obtiene una **tabla de cálculo automática,** donde cada resultado se actualiza con precisión.

3.3. Tecla [F4]: alternar tipos de referencia

No hace falta escribir los signos manualmente cada vez.

En Excel, basta con situar el cursor sobre una referencia dentro de la barra de fórmulas y pulsar la tecla [F4].

Cada vez que la presionamos, Excel cambia el tipo de referencia:

A1	$A$1 (absoluta)
$A$1	A$1 (mixta, fija la fila)
A$1	$A1 (mixta, fija la columna)
$A1	A1 (relativa de nuevo)

EJEMPLO

Tipo de referencia	Fórmula en C1	Al copiar a C2	Resultado
Relativa	=A1+B1	=A2+B2	Cambia ambas filas.
Absoluta	=$A$1+$B$1	=$A$1+$B$1	No cambia.
Mixta	=A$1+$B1	=A$1+$B2	Solo cambia la parte sin $.

3.4. Buenas prácticas en el uso de referencias

Dominar los distintos tipos de referencia en Excel permite **ahorrar tiempo, evitar errores** y **automatizar cálculos** de manera más inteligente.

A continuación, se recogen algunos consejos prácticos para su uso:

- **Referencias relativas.** Usa referencias relativas cuando realices operaciones repetitivas, como sumar columnas, calcular totales por fila o multiplicar valores en una tabla. Excel ajustará automáticamente las celdas al copiar la fórmula.
  Ejemplo: =A2+B2 se adaptará a =A3+B3 al copiarla hacia abajo.
- **Referencias absolutas.** Usa referencias absolutas cuando trabajes con un valor que no debe cambiar, como un IVA fijo, un tipo de cambio o un descuento constante.
  Ejemplo: =B2*$C$1 mantendrá siempre el valor de la celda C1.

➲ **Referencias mixtas.** Usa referencias mixtas si combinas datos en filas y columnas cruzadas, como en tablas de comparación o cálculos combinados.
Ejemplo: $A2∗B$1 fija una parte y deja que la otra se mueva, permitiendo generar una tabla completa con un solo modelo de fórmula.

➲ **Verificación.** Verifica siempre el resultado de la primera fórmula antes de copiarla al resto del rango. Así evitas propagar errores en todas las celdas.

➲ **Tecla [F4].** Usa la tecla [F4] para cambiar rápidamente entre los tres tipos de referencia (relativa, absoluta y mixta).
Es una forma sencilla de comprobar qué versión se adapta mejor a tu cálculo.

TAREA 3

Leonor trabaja con una hoja de cálculo donde tiene una lista de productos con su precio unitario y cantidad.

Debe calcular el importe total con IVA incluido (21 %) para cada producto. Sin embargo, al copiar la fórmula hacia abajo, observa que los resultados cambian de forma incorrecta.

Tu labor será comprobar el comportamiento de las referencias relativas y absolutas y aplicar el símbolo $ para fijar la celda del IVA correctamente.

Crea la siguiente tabla en una hoja de cálculo:

A	B	C	D
Producto	Precio (€)	Cantidad	Total con IVA
Teclado	25	2	
Ratón	18	3	
Monitor	150	1	
Altavoces	45	2	
IVA	21%		

(La celda del IVA debe estar en B6).

Continúa en página siguiente >>

<< Viene de página anterior

1. Crea una fórmula con referencia relativa.
   En la celda D2, escribe la siguiente fórmula: =B2*C2*B6.
   Presiona **Enter** y copia la fórmula hacia abajo hasta D5.
   Observa que el valor del IVA no se mantiene fijo; Excel cambia la referencia B6 a B7, B8... generando resultados incorrectos.
2. Corrige la fórmula con referencia absoluta.
   En la celda D2, sustituye la fórmula anterior por: =B2*C2*$B$6
   Pulsa **Enter** y copia la fórmula hacia abajo hasta D5.
   Ahora, el valor de la celda B6 se mantiene fijo en todos los cálculos, obteniendo resultados correctos.
3. Comprueba el uso de la tecla [F4].
   Selecciona la fórmula en la barra de fórmulas y sitúa el cursor sobre la referencia B6.
   Presiona [F4] varias veces para observar cómo cambia el tipo de referencia:

   · $B$6 → absoluta
   · B$6 → mixta (fija la fila 6)
   · $B6 → mixta (fija la columna B)
   · B6 → vuelve a relativa

   Selecciona la forma $B$6 para mantenerla fija.
4. Añade formato final.

   · Cambia el formato de las celdas D2:D5 a moneda con dos decimales (€).
   · Escribe en la celda D1 el título "Total con IVA".
   · Ajusta el ancho de las columnas para que el texto sea visible.

¿Qué ocurre cuando se copia una fórmula con referencias relativas (sin $)?

¿Qué función cumple el símbolo $ en una referencia absoluta?

¿Qué diferencia hay entre una referencia absoluta y una mixta?

¿Qué tecla permite alternar rápidamente entre los distintos tipos de referencia?

¿En qué casos conviene usar referencias absolutas?

4. Utilización de funciones básicas en Excel 365

👉 HILO CONDUCTOR

Leonor tiene que revisar los resultados de ventas del trimestre. Para hacerlo con rapidez, utiliza funciones como SUMA, PROMEDIO, MIN, MAX y CONTAR. Comprueba cómo Excel puede realizar operaciones complejas con solo introducir una función, y aprende a insertarlas desde la barra de fórmulas o mediante el asistente. Gracias a estas herramientas, sus informes dejan de depender del cálculo manual y gana tiempo y precisión.

Excel es una herramienta muy potente porque permite **automatizar cálculos** mediante fórmulas.

Sin embargo, no siempre es necesario escribir operaciones largas.

Para agilizar el trabajo, el programa ofrece una amplia colección de **funciones predefinidas,** que realizan operaciones matemáticas o estadísticas de forma rápida y segura.

Las funciones son como "comandos automáticos" que indican a Excel qué operación debe realizar y sobre qué datos. Gracias a ellas, es posible obtener resultados en segundos sin riesgo de errores de tecleo o de paréntesis mal colocados.

Todas las funciones en Excel siguen la misma estructura:

=NOMBRE(argumentos)

- **NOMBRE:** indica qué tipo de función es (por ejemplo, SUMA o PROMEDIO).
- **Argumentos:** son las celdas o rangos de datos que se van a usar.

👁 EJEMPLO

=SUMA(A1:A5)

Esta fórmula le pide a Excel que sume todas las celdas desde A1 hasta A5.

4.1. Principales funciones básicas

Excel incluye muchas funciones, pero las más utilizadas en los primeros niveles son las que realizan **cálculos sencillos y directos:** sumar, calcular medias o encontrar valores máximos y mínimos.

Estas funciones ahorran tiempo y eliminan errores, al automatizar operaciones que normalmente se harían con varias fórmulas.

A continuación, se presentan las **cinco funciones más utilizadas** en Excel, con ejemplos y aplicaciones prácticas:

1. **Función SUMA.** Sirve para sumar rápidamente un conjunto de números o celdas.
   Es una de las más utilizadas y la base para muchas otras operaciones.
   Ejemplo:

$$=SUMA(B2:B6)$$

   Suma las celdas B2, B3, B4, B5 y B6.
   También se pueden sumar varios rangos o celdas separadas:

$$=SUMA(B2:B6; D2:D6)$$

   o

$$=SUMA(B2; B4; B6)$$

   Si seleccionas un rango y pulsas el botón **Σ (Autosuma)** en la pestaña **Inicio,** Excel inserta automáticamente la función SUMA.
2. **Función PROMEDIO.** Calcula la media aritmética de un conjunto de valores.
   Es decir, suma todos los datos y los divide entre el número de elementos.
   Ejemplo:

$$=PROMEDIO(C2:C6)$$

   Devuelve el promedio de los valores entre C2 y C6.
   Es útil si quieres, por ejemplo, conocer el gasto medio mensual, el promedio de notas o el salario medio de un grupo.
3. **Función MIN.** Devuelve el valor más pequeño dentro de un rango de celdas.
   Ejemplo:

$$=MIN(D2:D10)$$

Muestra el número más bajo del rango seleccionado.

Es adecuada para detectar el importe mínimo, la temperatura más baja o la menor puntuación.

4. **Función MAX.** Hace lo contrario que la anterior: muestra el valor más alto dentro del rango indicado.

Ejemplo:

$$=MAX(D2:D10)$$

Indica el valor máximo encontrado en ese grupo de datos.

Es perfecta para conocer la venta más alta, la nota máxima o el récord de producción.

5. **Función CONTAR.** Sirve para contar cuántas celdas contienen números dentro de un rango.

No cuenta textos ni celdas vacías.

Ejemplo:

$$=CONTAR(E2:E10)$$

Devuelve cuántas celdas del rango tienen valores numéricos.

Si quieres contar todo tipo de datos (números, textos o fechas), usa la variante:

$$=CONTARA(E2:E10)$$

Existen varias formas de escribir funciones, según el nivel de experiencia o la preferencia personal.

A continuación, se exponen los diversos modos:

Escribiéndola directamente
- Coloca el cursor en la celda y escribe el signo igual =, seguido del nombre de la función.
- Por ejemplo: =SUMA(A1:A5)

Usando el botón Autosuma
- En la pestaña **Inicio,** el botón **Σ Autosuma** abre un menú con SUMA, PROMEDIO, CONTAR, MAX y MIN.
- Solo hay que seleccionarla y Excel propone el rango automáticamente.

Continúa en página siguiente >>

<< Viene de página anterior

Mediante el asistente de funciones
- Ve al menú **Fórmulas → Insertar función (fx).**
- Se abrirá una ventana con una lista de todas las funciones disponibles.
- Puedes buscar por categoría (matemáticas, estadísticas, texto, etc.) o escribir una palabra clave.
- Al seleccionarla, el asistente explica qué hace la función y qué argumentos requiere.

 EJEMPLO

Imagina que tienes una pequeña tabla de ventas:

Mes	Ingresos (€)
Enero	1250
Febrero	980
Marzo	1430
Abril	1190
Mayo	1350

En una celda vacía puedes practicar con:

- Suma total:
  =SUMA(B2:B6)
- Promedio mensual:
  =PROMEDIO(B2:B6)
- Venta mínima:
  =MIN(B2:B6)
- Venta máxima:
  =MAX(B2:B6)
- Número de meses registrados:
  =CONTAR(B2:B6)

Excel devolverá automáticamente los resultados y, si cambias un valor en la tabla, los cálculos se actualizan al instante.

4.2. Buenas prácticas y recomendaciones

Aplicar las funciones básicas de forma correcta y ordenada facilita mucho el trabajo con hojas de cálculo.

A continuación, se recogen algunas buenas prácticas que te ayudarán a evitar errores y a mejorar la precisión:

⮞ **Empieza siempre una fórmula con el signo =:** en Excel, todas las fórmulas comienzan con el signo igual. Si lo olvidas, el programa interpretará el contenido como texto y no realizará el cálculo.
Ejemplo:

Escribe =A1+B1 en lugar de A1+B1.

⮞ **Usa rangos de celdas (A1:A5) en lugar de escribir cada número:** trabajar con rangos te permite ahorrar tiempo y mantener las fórmulas más limpias.
Por ejemplo, en vez de escribir =A1+A2+A3+A4+A5, puedes usar:

=SUMA(A1:A5)

Si después agregas nuevos valores al rango, solo tendrás que ajustar el límite (A1:A6, por ejemplo), sin modificar toda la fórmula.
⮞ **Si una celda muestra error, revisa los paréntesis o el rango seleccionado:** los errores más frecuentes en Excel suelen deberse a referencias mal escritas, paréntesis sin cerrar o rangos incompletos.
Por ejemplo:

=PROMEDIO(A1:A) generará error porque falta el número final del rango.

Coloca el cursor sobre el mensaje de error (como #¡VALOR! o #N/A) para leer una breve descripción y corregirlo rápidamente.
⮞ **Combina funciones para obtener resultados más completos:** una gran ventaja de Excel es que permite anidar funciones, es decir, usar varias dentro de una sola fórmula.
Por ejemplo:

=PROMEDIO(SUMA(B2:B6; C2:C6))

Esta fórmula calcula primero la suma total de dos columnas y, después, obtiene el promedio del resultado.
Al combinar funciones, se pueden crear informes más automáticos y eficientes.

⊃ **Guarda una copia del archivo antes de experimentar con nuevas fórmulas:** si vas a probar una fórmula compleja o a modificar cálculos existentes, guarda una versión del archivo (por ejemplo, "Informe_test.xlsx"). Así podrás recuperar la versión original si algo no funciona como esperabas.
También puedes activar la opción de autoguardado en *OneDrive* para que Excel guarde los cambios automáticamente mientras trabajas.

 CONSEJO

Practicar con tus propios datos es la mejor forma de aprender. Comienza con fórmulas sencillas y ve añadiendo complejidad poco a poco. Con el tiempo, reconocerás de un vistazo qué tipo de referencia, función o formato necesitas.

5. Copia y corrección de fórmulas

 HILO CONDUCTOR

Leonor crea una fórmula que funciona correctamente y decide copiarla al resto de filas con el controlador de relleno. Sin embargo, algunos resultados no coinciden. Utiliza la opción **Evaluar fórmula** para ver el cálculo paso a paso y encuentra el error: una referencia desplazada. Lo corrige y, a partir de entonces, revisa siempre su trabajo con comprobación de errores antes de aplicar cambios en toda la hoja. Descubre que copiar bien las fórmulas ahorra tiempo, pero revisar los resultados ahorra problemas.

Una de las mayores ventajas de Excel es que **no hace falta escribir cada fórmula una por una.**

Cuando una fórmula está bien construida, puede **copiarse o arrastrarse** para aplicarla al resto de las celdas.

Esto ahorra tiempo y reduce los errores, siempre que las **referencias de celda** estén bien configuradas (como se explicó en el apartado anterior).

5.1. Copiar fórmulas con el controlador de relleno

Aprender a copiar correctamente y a corregir los errores más frecuentes es un paso importante para trabajar con precisión y seguridad.

Cuando una fórmula funciona en una celda, se puede repetir en otras de distintas formas:

1. **Mediante el controlador de relleno:**

   ↻ Selecciona la celda que contiene la fórmula.
   ↻ Sitúa el cursor en la esquina inferior derecha hasta que aparezca un pequeño cuadro verde (el controlador).
   ↻ Arrastra hacia abajo o hacia los lados.

   Excel ajustará automáticamente las referencias (si son relativas) y copiará la fórmula en cada celda.
   Este método es ideal para aplicar el mismo cálculo a una lista de datos (como precios, cantidades o porcentajes).

2. **Mediante copiar y pegar:**

   ↻ Selecciona la celda con la fórmula.
   ↻ Pulsa [Ctrl + C] para copiar.
   ↻ Selecciona el rango donde quieras repetirla.
   ↻ Pulsa [Ctrl + V] para pegar.

   El resultado es el mismo: las fórmulas se adaptan según la posición de cada celda.

3. **Copiar solo la fórmula (sin formato):**
   Si quieres copiar la fórmula sin cambiar los colores, bordes ni estilo del texto:

   ↻ Copia la celda.
   ↻ Haz clic con el botón derecho en el destino.
   ↻ Selecciona **Pegado especial → Fórmulas.**

   Esto permite mantener la coherencia de los cálculos sin modificar el diseño del documento.

5.2. Errores comunes en fórmulas

Incluso en tareas simples, pueden aparecer errores al escribir o copiar fórmulas. Excel los indica con un **mensaje o un símbolo de advertencia** (normalmente un triángulo verde en la esquina de la celda).

A continuación, se describen los **errores más comunes** y cómo solucionarlos:

#¡DIV/0!	- Significa que la fórmula intenta dividir entre cero o entre una celda vacía. - Solución: Revisa el divisor o utiliza la función: =SI(B2=0; ""; A2/B2) para evitar el error si no hay datos.
#¡VALOR!	- Aparece cuando se usan textos en lugar de números. - Solución: Comprueba que todas las celdas del cálculo contienen valores numéricos.
#¡REF!	- Indica que la fórmula hace referencia a una celda que ya no existe (porque se eliminó). - Solución: Revisa la fórmula y sustituye la referencia por una válida.
#¡N/A	- Significa "No disponible" y aparece cuando un dato no se encuentra (por ejemplo, en una búsqueda). - Solución: Verifica que la celda o el rango de origen contiene la información esperada.
#¡NOMBRE?	- Sucede cuando Excel no reconoce el nombre de una función (por error de ortografía o por olvidar el signo =). - Solución: Revisa la fórmula y asegúrate de que esté escrita correctamente.

 **EJEMPLO**

- Incorrecto:
  =promedi(B2:B6)
- Correcto:
  =PROMEDIO(B2:B6)

5.3. Herramientas de comprobación y depuración

Excel dispone de varias **herramientas de diagnóstico** que permiten comprobar paso a paso cómo se está calculando una fórmula y localizar posibles fallos.

A continuación, se exponen las principales herramientas de comprobación y análisis de errores:

◌ **Evaluar fórmula.** Permite ver cómo Excel calcula cada parte de una fórmula.
Ve al menú **Fórmulas → Evaluar fórmula:**

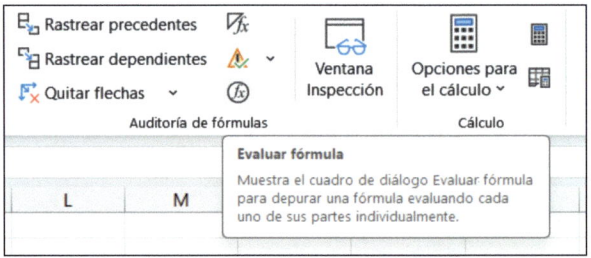

*La función **Evaluar fórmula** permite revisar paso a paso el cálculo de una celda.*

Excel mostrará el proceso internamente, resaltando cada parte de la operación.
Sirve para comprender qué referencia o argumento falla.

◌ **Comprobación de errores.** En la pestaña **Fórmulas → Comprobación de errores,** Excel analiza el documento y resalta posibles problemas (como celdas vacías, referencias inválidas o incoherencias):

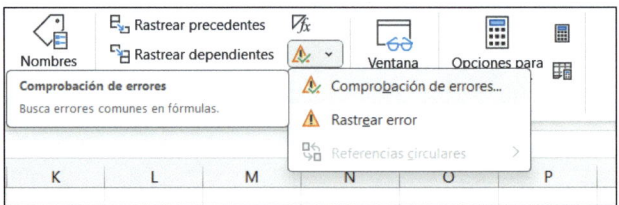

La comprobación de errores ayuda a localizar y corregir fallos en las fórmulas.

➲ **Rastrear precedentes y dependientes.** Estas opciones muestran flechas azules que conectan las celdas relacionadas con una fórmula:

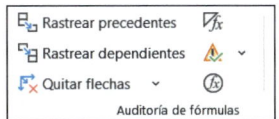

Las herramientas de auditoría permiten analizar las relaciones entre las fórmulas de una hoja.

Ayudan a entender de dónde vienen los datos y qué otras fórmulas dependen de ellos.

 **EJEMPLO**

Supongamos que en una hoja tenemos:

Producto	Precio	IVA	Total con IVA
A	50	21%	?
B	40	21%	?
C	60	21%	?

En D2, escribimos la fórmula:

=B2*(1+$C$2)

y la copiamos hacia abajo con el controlador de relleno.

Cada fila calcula su total correctamente, porque la celda del IVA (C2) está bloqueada con $.

Si aparece algún error, podemos usar **Evaluar fórmula** para comprobar el cálculo paso a paso.

5.4. Buenas prácticas de corrección

Dominar la copia y la corrección de fórmulas no consiste solo en repetir cálculos, sino en comprender cómo funciona la lógica de Excel.

A continuación, se presentan algunos **consejos prácticos** para trabajar con fórmulas de forma segura, ordenada y eficiente. Aplicarlos de manera habitual ayudará a reducir errores y a comprender mejor cómo funciona Excel en el cálculo automático:

- ⮑ **Antes de copiar una fórmula,** revisa si alguna parte debe mantenerse fija ($). Antes de arrastrar o pegar una fórmula, comprueba si alguna referencia debe permanecer igual, como un valor de IVA o una celda que contenga un porcentaje. Si es así, utiliza el signo $ para convertirla en una referencia absoluta y evitar errores al copiar.
  Por ejemplo: =B2*$C$1 mantendrá siempre el valor de la celda C1.
- ⮑ **Usa la vista Evaluar fórmula para entender cómo Excel hace el cálculo.** Esta herramienta muestra el proceso interno que sigue Excel paso a paso. Es ideal para detectar errores de referencia o sintaxis sin tener que borrar ni rehacer toda la fórmula.
  Puedes acceder desde **Fórmulas → Evaluar fórmula,** y verás cómo Excel resalta cada parte del cálculo.
- ⮑ **Si una fórmula da error, no borres el dato: observa el tipo de error y corrígelo**
  Cuando aparezca un mensaje como #¡DIV/0!, #¡REF! o #¡VALOR!, no elimines la fórmula. En su lugar, analiza qué indica ese error. Cada tipo tiene un significado diferente, y entenderlo te ayudará a resolverlo correctamente.
  Por ejemplo, #¡DIV/0! aparece si intentas dividir entre una celda vacía o con valor 0.
- ⮑ **No copies celdas vacías o incompletas; comprueba siempre el rango.** Antes de copiar o aplicar fórmulas a varias celdas, asegúrate de que el rango esté completo y contenga todos los datos necesarios. Si el rango tiene celdas vacías o datos mal alineados, los resultados pueden salir incorrectos o incompletos.
- ⮑ **Guarda el archivo antes de realizar cambios grandes o reemplazos.** Si vas a modificar muchas fórmulas o a sustituir valores, guarda una copia del archivo (por ejemplo, "Versión_original.xlsx").
  Esto te permitirá recuperar la versión anterior si los cálculos cambian o se borran por error.
- ⮑ **Practica primero con un pequeño grupo de celdas antes de aplicarlo a toda la hoja.** Antes de extender una fórmula compleja a cientos de filas, pruébala en un grupo pequeño de celdas. Así podrás comprobar que los resultados son correctos y que las referencias se comportan como esperas.

Una vez verificado el resultado, puedes copiar o arrastrar la fórmula con total confianza.

6. Creación y personalización de gráficos

 HILO CONDUCTOR

Una vez verificados sus cálculos, Leonor transforma los datos en un gráfico de columnas para presentar la evolución de ventas. Añade título, leyenda, colores personalizados y etiquetas de datos. Al mostrarlo a su equipo, todos comprenden de un vistazo la información que antes requería revisar filas y fórmulas. Entiende así que un buen gráfico no solo embellece los informes, sino que comunica con claridad lo que los números quieren decir.

Las hojas de cálculo no solo sirven para realizar cálculos; también permiten **visualizar los datos** de forma clara y atractiva.

Un gráfico ayuda a interpretar los resultados **de un vistazo,** detectando tendencias, comparaciones o diferencias que podrían pasar desapercibidas en una tabla.

En este epígrafe aprenderemos a **crear gráficos básicos** y a **personalizarlos** con títulos, leyendas y estilos visuales para comunicar la información de manera más comprensible y profesional.

6.1. Tipos de gráficos y cuándo usarlos

Un gráfico es una **representación visual de los datos** de una hoja.

Transforma los números en líneas, barras o sectores, facilitando la comparación entre valores.

Por ejemplo, una lista de ventas puede convertirse en un gráfico que muestre claramente qué mes tuvo más ingresos:

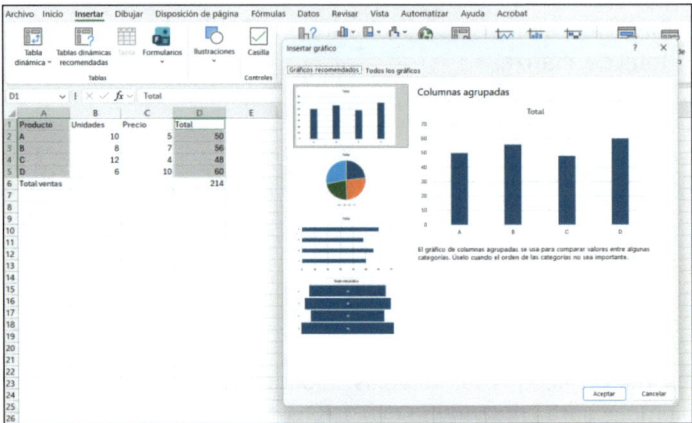

Excel ofrece gráficos recomendados para representar visualmente los datos seleccionados.

Los gráficos son dinámicos: si cambian los valores en la tabla, **el gráfico se actualiza automáticamente.**

Excel ofrece muchos tipos de gráficos, pero en los niveles básicos se usan principalmente los siguientes:

● **Gráfico de columnas:**

  ◑ Muestra comparaciones entre categorías (por ejemplo, ventas por mes).
  ◑ Cada columna representa un valor.

Es ideal para comparar datos individuales:

El gráfico de columnas agrupadas permite comparar resultados de distintos elementos.

⊃ Gráfico de barras:

◑ Similar al de columnas, pero las barras son horizontales.

Resulta muy útil cuando los nombres de las categorías son largos o estas son numerosas:

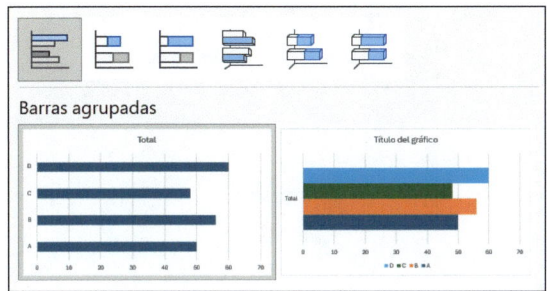

El gráfico de barras agrupadas muestra comparaciones de valores en formato horizontal.

⊃ Gráfico de líneas:

◑ Representa la evolución de los datos a lo largo del tiempo.

Se usa mucho para mostrar tendencias (por ejemplo, crecimiento mensual o anual):

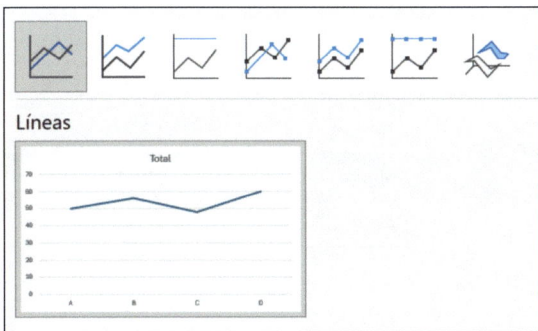

Los gráficos de líneas muestran tendencias o variaciones a lo largo del tiempo.

◗ **Gráfico circular (pastel):**

◉ Muestra cómo se distribuyen los porcentajes dentro de un total.

Es perfecto para visualizar proporciones, como el reparto del gasto o la participación de mercado:

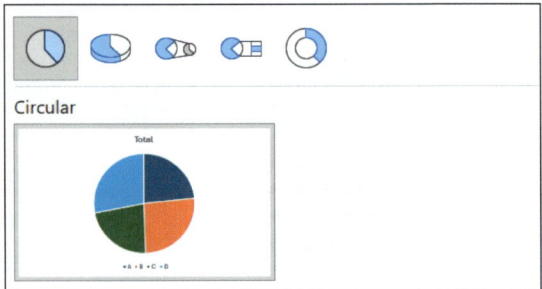

El gráfico circular representa la proporción que cada categoría ocupa dentro del total.

 EJEMPLO

Imaginemos esta tabla de ventas:

Mes	Ventas (€)
Enero	1500
Febrero	1200
Marzo	1800
Abril	2000

- Paso 1. Seleccionar los datos
  Selecciona el rango de datos que incluye las etiquetas (por ejemplo, A1:B5).
- Paso 2. Insertar el gráfico
  Ve a la pestaña **Insertar.**
  En el grupo **Gráficos,** elige el tipo deseado (columnas, barras, líneas o sectores).
  Excel generará el gráfico de forma automática.

Continúa en página siguiente >>

<< Viene de página anterior

- Paso 3. Ajustar el tamaño o posición
  Haz clic sobre el gráfico y arrástralo para colocarlo donde quieras.
  Puedes ajustar su tamaño arrastrando los bordes.

6.2. Personalización del gráfico

Una vez creado, el gráfico se puede **modificar y mejorar** visualmente.

Excel permite cambiar casi cualquier elemento:

Título del gráfico
- Haz clic sobre el título (por defecto "Título del gráfico") y escribe uno más descriptivo: "Ventas mensuales del primer trimestre".

Ejes y etiquetas
- En los gráficos de columnas o líneas, puedes **editar los nombres de los ejes** (eje X y eje Y) desde el menú **Elementos del gráfico (+).**
- También puedes **mostrar las etiquetas de datos** sobre cada columna o punto para ver los valores exactos.

Leyenda
- La leyenda indica qué representa cada color o serie de datos.
- Puedes cambiar su **posición** (arriba, abajo, izquierda o derecha), o incluso **ocultarla** si no es necesaria.

Colores y estilos
- Desde la pestaña **Diseño de gráfico,** Excel ofrece **estilos predefinidos** que cambian colores, fondos y efectos.
- También puedes personalizar manualmente cada serie o forma desde el menú **Formato.**
- Usa colores suaves y contrastados. Evita fondos oscuros o combinaciones que dificulten la lectura.

Una de las ventajas de Excel es que los gráficos están vinculados a las celdas de origen.

Si cambias un valor en la tabla, el gráfico se actualiza instantáneamente sin necesidad de rehacerlo.

 **EJEMPLO**

Si en el ejemplo anterior cambiamos "Febrero" de 1200 a 1600 €, la columna del gráfico se ajustará automáticamente.

- -

Aunque se explica con más detalle en niveles avanzados, Excel permite combinar dos tipos de gráficos en uno solo (por ejemplo, columnas y líneas).

También es posible agregar un **segundo eje vertical** para representar dos tipos de datos diferentes (como ventas y beneficio).

Basta con saber que esta opción se encuentra en **Insertar → Gráfico combinado.**

 **EJEMPLO**

Leonor crea una tabla con las ventas de su tienda durante seis meses:

Mes	Ventas (€)
Enero	1400
Febrero	1550
Marzo	1620
Abril	1480
Mayo	1760
Junio	1900

Quiere representar visualmente la evolución de las ventas.

Sigue estos pasos:

1. Selecciona los datos A1:B7.
2. Inserta un gráfico de líneas desde la pestaña **Insertar → Línea.**

Continúa en página siguiente >>

<< Viene de página anterior

3. Escribe como título: "Evolución de ventas primer semestre".
4. Añade etiquetas de datos y cambia el color de la línea a azul.

Observa cómo la línea asciende, mostrando claramente el aumento de ventas mes a mes.

6.3. Buen diseño y presentación visual

Un buen gráfico no solo decora, sino que también **comunica información.** La sencillez, el equilibrio visual y la actualización de los datos son las claves para crear representaciones útiles y profesionales.

A continuación, se presentan algunos **consejos prácticos** para diseñar y personalizar gráficos de forma clara, ordenada y profesional:

● **Elige el tipo de gráfico que mejor se adapte a la información:**

- Cada tipo de gráfico tiene un propósito diferente.
- Los gráficos de columnas o barras son ideales para comparar valores; los de líneas, para mostrar una evolución a lo largo del tiempo; y los de sectores (pastel), para representar proporciones dentro de un total.
- No todos los datos se visualizan bien en un gráfico circular, por lo que conviene analizar antes qué formato representa mejor la información.

● **No abuses de los colores ni de los efectos 3D:**

- Un gráfico demasiado recargado puede distraer la atención. Es mejor mantener un estilo simple y equilibrado, con pocos colores bien contrastados.
- Los efectos 3D o las sombras suelen dificultar la lectura de las cifras.
- Recuerda: en visualización de datos, la claridad es más importante que el diseño.

● **Usa títulos descriptivos y leyendas sencillas:**

- El título debe indicar claramente qué información representa el gráfico, por ejemplo: "Ventas mensuales por producto" o "Porcentaje de gasto por departamento".

◑ La leyenda debe ser breve, sin repeticiones ni términos ambiguos.

◑ Cuanto más directa y clara sea la información, más fácil resultará interpretarla.

➲ **Revisa siempre que el gráfico muestre datos actualizados:**

◑ Antes de presentar un gráfico, comprueba que los rangos de celdas estén completos y sin vacíos.

◑ Si se modifican los datos originales, Excel actualiza el gráfico automáticamente, pero es conveniente verificar que los valores correspondan al último cálculo.

◑ Evita mostrar gráficos con celdas vacías o sin etiquetas, ya que pueden dar una impresión errónea de los resultados.

➲ **Guarda tu plantilla si vas a usar el mismo formato en otros informes:**

◑ Cuando encuentres un diseño que funcione bien, guarda el gráfico como plantilla personalizada.

◑ Así podrás aplicarlo fácilmente a nuevos datos sin tener que configurar colores, leyendas o estilos cada vez.

◑ Esto ahorra tiempo y mantiene una imagen coherente en todos los informes.

 ACTIVIDAD COMPLEMENTARIA

2. Analiza cómo los gráficos en Excel ayudan a transformar datos numéricos en información visual clara y comprensible. Reflexiona sobre qué tipo de gráfico es más adecuado según la naturaleza de los datos y cómo su diseño influye en la interpretación de los resultados.

¿Qué ventajas aporta representar los datos mediante gráficos en lugar de mostrarlos solo en tablas?

¿Qué aspectos considerarías esenciales para personalizar un gráfico de forma profesional (por ejemplo, elección de colores, tipo de gráfico, títulos o leyendas)?

Imagina que presentas la evolución de ventas de tu empresa durante seis meses. ¿Qué tipo de gráfico elegirías y por qué?

7. Resumen

Excel permite trabajar con **libros de trabajo** formados por varias hojas, donde cada una organiza un tipo distinto de información, como ventas, gastos o resúmenes. Las hojas pueden **crearse, renombrarse, duplicarse, eliminarse o vincularse** para mantener los datos conectados. Una buena gestión incluye usar **nombres claros, colores de pestaña** y **hojas resumen** que faciliten la navegación y el control de la información.

Las **fórmulas** en Excel se basan en referencias de celdas:

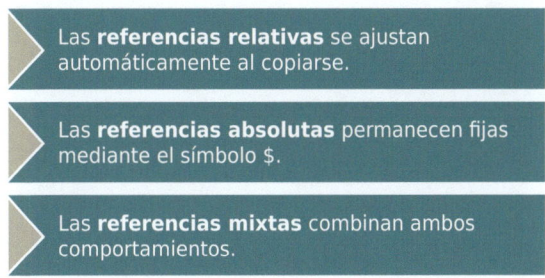

Las **referencias relativas** se ajustan automáticamente al copiarse.

Las **referencias absolutas** permanecen fijas mediante el símbolo $.

Las **referencias mixtas** combinan ambos comportamientos.

Comprender estas diferencias permite copiar fórmulas con precisión y mantener resultados coherentes.

Las **funciones básicas** —como SUMA, PROMEDIO, MIN, MAX y CONTAR— agilizan los cálculos más comunes. Pueden escribirse directamente, usarse con el botón **Autosuma (Σ)** o insertarse mediante el **asistente de funciones.** Estas operaciones se actualizan automáticamente cuando cambian los datos, lo que permite mantener hojas dinámicas y precisas.

Excel ofrece diversas formas de **copiar y corregir fórmulas,** como el **controlador de relleno, copiar y pegar,** o el **pegado especial → fórmulas.** Si las referencias no están bien configuradas, pueden aparecer errores como #¡DIV/0!, #¡VALOR! o #¡REF!. Para detectarlos y entender su causa, se utilizan herramientas como:

Evaluar fórmula	Comprobación de errores	Rastrear precedentes y dependientes

La información numérica también puede representarse mediante **gráficos,** que permiten interpretar los resultados de un vistazo. Los más habituales son los de **columnas, barras, líneas y sectores,** adecuados para comparar valores, mostrar tendencias o ver proporciones. Los gráficos pueden personalizarse con **títulos, leyendas, colores y etiquetas,** y se actualizan automáticamente si cambian los datos de origen.

Mantener el orden en los libros, revisar las fórmulas antes de copiarlas, usar referencias correctas y aplicar un diseño claro en los gráficos son claves para trabajar con eficacia y transmitir la información de forma comprensible y profesional.

Ejercicios de autoevaluación
Unidad de Aprendizaje 2

1. ¿Qué es un libro de trabajo en Excel?

    a. Un archivo que solo puede contener una hoja
    b. Un conjunto de fórmulas sin formato
    c. Un archivo que puede incluir varias hojas con datos y cálculos
    d. Un tipo de plantilla de *Word* integrada

2. ¿Cuál es la forma correcta de duplicar una hoja manteniendo formato y fórmulas?

    a. Copiar y pegar las celdas manualmente.
    b. Hacer clic derecho en la pestaña → Mover o copiar... → Crear una copia.
    c. Guardar el archivo con otro nombre.
    d. Cambiar el color de la pestaña.

3. ¿Qué fórmula vincula datos entre hojas diferentes?

    a. =D6!Ventas
    b. ='Resumen'+D6
    c. =Ventas!D6
    d. =Hoja1(D6)

4. Indica si las siguientes oraciones son verdaderas o falsas:

    a. "Al eliminar una hoja, Excel la guarda automáticamente en la papelera".

        ■ Verdadero
        ■ Falso

    b. "Las hojas de un libro pueden reorganizarse arrastrando sus pestañas".

        ■ Verdadero
        ■ Falso

c. "Cambiar el color de las pestañas ayuda a identificar las secciones del archivo".

- ■ Verdadero
- ■ Falso

5. ¿Qué tipo de referencia mantiene fija una celda al copiar la fórmula?

a. Relativa
b. Absoluta
c. Mixta
d. Dinámica

6. ¿Qué hace la tecla [F4] cuando se edita una fórmula?

a. Inserta automáticamente una función SUMA.
b. Alterna entre referencia relativa, absoluta y mixta.
c. Cierra la aplicación Excel.
d. Borra el formato de la celda activa.

7. Indica si las siguientes oraciones son verdaderas o falsas:

a. "Las referencias relativas cambian automáticamente al copiar una fórmula".

- ■ Verdadero
- ■ Falso

b. "El símbolo $ sirve para fijar fila y columna en una referencia".

- ■ Verdadero
- ■ Falso

c. "Las referencias mixtas bloquean solo la columna o la fila, pero no ambas".

- ■ Verdadero
- ■ Falso

8. ¿Qué devuelve la función PROMEDIO en Excel?

a. El valor más alto del rango
b. La cantidad de celdas con texto
c. La media aritmética de un conjunto de valores
d. La suma total de los números del rango

9. ¿Qué tipo de gráfico representa mejor la evolución de los datos a lo largo del tiempo?

a. Gráfico circular
b. Gráfico de barras
c. Gráfico de líneas
d. Gráfico de dispersión

10. Indica si las siguientes oraciones son verdaderas o falsas:

a. "La función CONTAR solo cuenta las celdas con números".

■ Verdadero
■ Falso

b. "El error #¡REF! aparece cuando se elimina una celda usada en una fórmula".

■ Verdadero
■ Falso

c. "Los gráficos se actualizan automáticamente si cambian los datos de origen".

■ Verdadero
■ Falso

Glosario

Atajos de teclado
Combinaciones de teclas que facilitan el trabajo.

Barra de fórmulas
Zona situada sobre la hoja donde se puede ver o editar el contenido de la celda seleccionada, especialmente fórmulas o funciones.

Celda
Cada recuadro de la hoja donde se pueden escribir números, texto o fórmulas. Se identifica por una letra (columna) y un número (fila); por ejemplo, A1.

Columna
Conjunto vertical de celdas. Se identifican con letras (A, B, C...).

Copiar y pegar
Herramientas que permiten duplicar información de una celda a otra sin tener que escribirla de nuevo.

Excel
Programa de *Microsoft* que permite crear hojas de cálculo para organizar datos, hacer cálculos y crear gráficos. Se usa mucho en administración, contabilidad y análisis de información.

Fila
Conjunto horizontal de celdas. Se numeran desde el 1 hacia abajo.

Formato
Conjunto de opciones que permiten cambiar el aspecto de las celdas: tipo de letra, color, bordes, alineación, etc.

Fórmula
Instrucción que realiza un cálculo. Siempre empieza con el signo =.

Función
Fórmulas ya preparadas que Excel ofrece para hacer cálculos automáticos.

Gráfico
Dibujo o figura que muestra los datos de forma visual, como un gráfico de barras o de sectores.

Guardar
Acción que permite almacenar los cambios realizados en el libro de trabajo. Se puede guardar en el ordenador o en la nube *(OneDrive)*.

Hoja de cálculo
Espacio de trabajo dentro de Excel formado por filas y columnas donde se introducen los datos.

Libro
Archivo completo de Excel que puede contener varias hojas de cálculo. Se guarda con la extensión .xlsx.

Rango
Grupo de celdas seleccionadas. Por ejemplo, A1:B3 incluye las celdas A1, A2, A3, B1, B2 y B3.

Bibliografía

Monografías

→ GOYANES Arnedo, B.: *Excel Microsoft 365: Funciones básicas (Ofimática profesional)*. Barcelona: ENI Ediciones, 2024.

> Esta obra explica de manera detallada las funciones esenciales de Excel *Microsoft* 365, y está orientada a quienes se inician en el uso de hojas de cálculo. Describe la interfaz, la gestión de libros y hojas, y enseña a crear fórmulas, tablas y gráficos con ejemplos prácticos. Además, aborda aspectos de formato, organización de datos, cálculo automático y edición de diseño de página, con el fin de que el lector aprenda a trabajar con precisión y a aprovechar las herramientas gráficas de Excel en un entorno profesional.

→ VENTURINO, M.: *Excel: 3 libros en 1 - La guía ilustrada para dominar Excel con tutoriales paso a paso, ejemplos prácticos, consejos y trucos*. Michigan: Independently Published, 2024.

> Este libro combina tres volúmenes en uno y está diseñado para aprender Excel desde cero hasta un nivel avanzado. Incluye más de cien ejercicios prácticos, atajos y ejemplos visuales que ayudan a dominar las hojas de cálculo de forma sencilla. Su enfoque es didáctico y accesible tanto para estudiantes como para profesionales, y tiene como objetivo mejorar la gestión de datos, la creación de informes y el análisis financiero mediante explicaciones paso a paso.

Textos electrónicos

→ Excel 2019–365: Curso práctico paso a paso, de: <https://tipsdeexcel.com/wp-content/uploads/2024/05/Curso-Practico-Paso-a-Paso-de-Cero-a-Avanzado.pdf>.

> Este manual ofrece una guía práctica y progresiva para aprender a usar Microsoft Excel en sus versiones 2019 y 365. Está orientado tanto a usuarios principiantes como intermedios, e incluye ejercicios descargables que permiten practicar cada tema paso a paso. A lo largo del libro se explican las funciones más utilizadas para el manejo de datos, la creación de tablas, la aplicación de fórmulas y la generación de gráficos, combinando teoría con práctica.

→ Excel 365: Vol. 1. Interfaz, validaciones y primeros cálculos, de: <https://pie.asetranspo.org/wp-content/uploads/2024/12/Excel_365_Vol_1.pdf>.

> Este primer volumen de la colección USERS ebooks ofrece una introducción práctica al manejo de Excel 365. El autor explica paso a paso el uso de la interfaz, la estructura de las hojas de cálculo y las funciones básicas necesarias para realizar los primeros cálculos y validaciones de datos. Se centra en la comprensión visual y funcional de las herramientas esenciales, como el uso de fórmulas simples, formatos de celda y controles de entrada, ayudando al lector a construir una base sólida para avanzar hacia funciones más complejas.

→ Guía de Microsoft Excel. Plena inclusión y Fundación Vodafone España, de: <https://www.plenainclusion.org/wp-content/uploads/2022/02/Plena-inclusion-Murcia.-Guia-de-Excel.pdf>.

> Esta guía forma parte de un proyecto inclusivo elaborado por Plena inclusión y la Fundación Vodafone España, orientado a facilitar el aprendizaje de Microsoft Excel a personas con distintas capacidades. El material está estructurado en módulos prácticos y utiliza un lenguaje claro, accesible y visual. Explica desde el uso básico de la interfaz hasta aplicaciones concretas en tareas administrativas, promoviendo la autonomía digital y la empleabilidad.